OBRIGADO PELA COMIDA

TAKK FOR MATEN

Série Edda, volume 1

EDDA É UMA SÉRIE DEDICADA À POESIA NÓRDICA
EM TRADUÇÃO PUBLICADA PELA EDITORA ABOIO (BRASIL)
EM COEDIÇÃO COM A SAGARANA FORLAG (ISLÂNDIA).

COEDIÇÃO ABOIO *saga*rana

JON STÅLE RITLAND

OBRIGADO PELA COMIDA

TAKK FOR MATEN

TRADUZIDO DO NORUEGUÊS-BOKMÅL POR

LEONARDO PINTO SILVA

ILUSTRAÇÕES DE

MAGNE FURUHOLMEN

[2024]

EDDA

POESIA NÓRDICA EM TRADUÇÃO

Pode parecer formal, e às vezes até é, mas agradecer ao término da refeição é também algo corriqueiro na Escandinávia em geral e na Noruega em particular. Em casa ou em locais públicos, em família ou em reuniões de amigos, em ocasiões solenes ou no mais ordinário dos dias, ninguém ali se levanta da mesa sem dizer aos convivas o tradicional *Takk for maten* com verdadeira intenção e absoluta naturalidade.

Decerto é um hábito impulsionado pelo comedimento luterano, ainda hoje muito perceptível em tudo que é norueguês, mas remonta a tempos mais remotos, às privações impostas pela sobrevivência numa terra inóspita, de clima e relevo permanentemente desafiadores, de pouca área agricultável, devastada pela Peste Negra, por séculos sob o jugo da Dinamarca e Suécia e, como se não bastasse, ainda assolada sob os nazistas. Exceto pelos mares e rios piscosos, os noruegueses só foram conhecer alguma bonança a partir da década de 1970, depois que estreitaram seus abismos sociais e ainda tiraram o bilhete premiado do petróleo no mar do Norte. Nem por isso se desacostumaram de agradecer pelo pão de cada dia.

Gosto de pensar que traduzir é preparar um prato estrangeiro com ingredientes locais, e poucas vezes tive essa impressão tão concreta como neste livro, fiel à tradição escandinava de extrair o mais sublime daquilo que nos parece mais banal. Bom exemplo disso, *A festa de Babette*, cultuado romance de Karen Blixen, é mencionado de passagem, mas não por acaso, neste livro.

A tradução procurou adaptar o mínimo possível o texto ao paladar brasileiro, por assim dizer. A rutabaga, cruza de couve e nabo, se manteve como tal mesmo sendo uma tuberosa pouco conhecida por essas bandas. Presente num trocadilho intransponível, *Heimskringla*, a mais célebre das sagas de reis, não foi vertida para "Orbe do mundo". Em ocorrências incontornáveis, como *Fenalår*, por exemplo, o contexto felizmente deu conta da semântica, mas noutras fiquei à mercê de palavrões como "cinórrodo", pelo que já me desculparia com o leitor. Felizmente, após intenso debate com os editores, acabamos preterindo o sinônimo "rosa-canina" e optando pela variante "rosa-mosqueta", que nos é mais familiar. Notas, portanto, só foram adicionadas quando julgamos absolutamente imprescindíveis — tudo em nome da melhor fruição do delicioso texto de Jon Ståle Ritland.

Bom apetite e boa leitura!

São Paulo, setembro de 2023

Leonardo Pinto Silva

Se comida é poesia, poesia não é comida também?
Joyce Carol Oates

A HISTÓRIA NASCE ENQUANTO VOCÊ COME

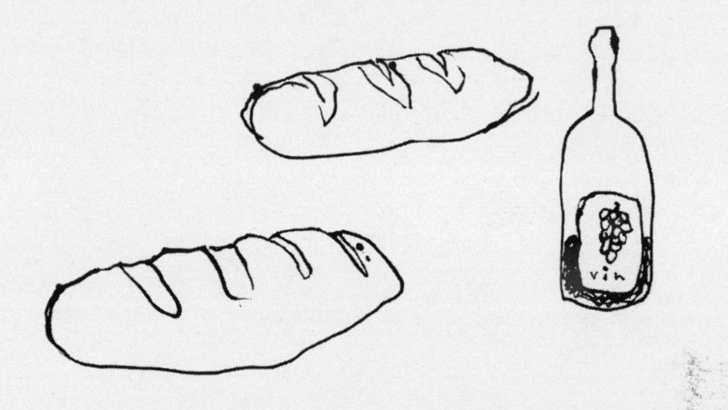
vin

uma promessa paira no ar, você sente
a pressão de toda uma atmosfera

uma lâmina divide ao meio
o horizonte, rebentando a casca

a gema escorre
um brilho no olho

preenche o firmamento
e incendeia o dia

LAGOSTIM

eu queria penetrar sob a sua
casca, queria saber o que você esconde

quem você é, mas para chegar lá
tive que machucá-lo

o facho da lanterna o imobilizou
de relance, eu o apanhei

do chão para a mesa do banquete
você é fácil de decifrar

quando a cauda se curva sobre o prato
a carne delicada

tem a forma
da minha primeira letra

JON STÅLE RITLAND

PANQUECA[1]

os relatos, os mitos sobre a comida
afetam os sentidos, preste atenção

em como as montanhas se projetam
em ambos os lados do fiorde

SVELE

fortellingene, mytene om maten
påvirker sansene, legg merke til

hvordan fjellene reiser seg
på begge sidene av fjorden

CORDEIRO

quase quatro mil anos atrás, os judeus ungiram
com sangue de cordeiro as ombreiras e vergas, salvando a vida
dos primogênitos, antes de fugir para o Egito

a comida mantém as histórias vivas, a carne de cordeiro
perfuma as celebrações, a carne assada
no vapor sabem ao Natal, o borrego pascal assa no forno

rituais religiosos, o corpo encontra o espírito
cordeiros inocentes pastam na relva do verão
lendo a urze, a escrita divina
traduzida na carne suculenta

JON STÅLE RITLAND

a banana é torta
esboça um sorriso
de terras mais quentes

humor despreocupado, riso franco
que se abre a cada vez que
alguém a descasca

o triptofano da banana é transformado
em serotonina, combate a depressão
induz a sensação de felicidade

a banana virou arte
pelas mãos de Andy Warhol
Maurizio Cattelan grudou com fita adesiva uma banana

na parede da galeria da Art Basel
o preço era de 120.000 dólares
e não consigo deixar de rir

16 LEITE

você escolhe o claro
você engole a luz

JON STÅLE RITLAND

CAMARÃO

uma cabeçorra e um dorso encurvado
depois de ser expelido
da própria casca, muda de sexo
um hermafrodita com barbantenas
que também podem agulhar

os camarões carregam uma mensagem:
você pode amar quem bem quiser
você pode ser quem bem quiser

quando você descasca um camarão
ele parece um logotipo rosa
um copyright em si, você cozinha
as cascas e liberta esse poder
em cada transformação

REKE

et stort hode og en krum rygg
etter å ha presset seg ut
av sitt eget skall, skifter kjønn
en hermafroditt med følehorn
som også kan stikke

rekene bærer på et budskap:
du kan elske den du vil
du kan være den du vil

når du skreller en reke
ligner den en rosa logo
sin egen copyright, du koker
skallene og frigjør kraften
i enhver forvandling

FENALÅR

o *fenalår* tem o gosto dos contos de fadas
e a aparência do mapa da Noruega

os pernis de cordeiro pendem para secar nas cumeeiras
de todas as aldeias do país

o tempo nos ensina paciência
o valor da espera

na véspera do Natal, o presunto é retirado do saco
e dado à luz

tem o peso de um recém-nascido
prematuro

JON STÅLE RITLAND

PÃO

Jesus deu a Judas um pedaço de pão
e a penosa missão
de ser o instrumento para cumprir
uma profecia

abandonar o redentor, entregá-lo
aos inimigos, para que a crucifixão
pudesse ocorrer, foi uma traição
ou uma ajudazinha

carícias sovam a massa
cada fatia de pão é uma carta do
padeiro à pança, o grão faz-se corpo,
até naquele que cumpre uma pena

às vezes é difícil
distinguir o bem do mal
e às vezes um pão é
muito mais do que um pão

espremida entre o miolo
e a cobertura, sob a carne

para que não grude
na frigideira, essencial

ao sabor de qualquer molho
a manteiga parece palavras grandiosas:

verdade, consciência, deus,

cada vez que acho
que posso agarrá-las

elas simplesmente escorregam
entre meus dedos

JON STÅLE RITLAND

QUEIJO

o prodígio do refinamento
do leite ao queijo, a natureza
traveste-se de artista

o leite se desune, as proteínas
coagulam, substâncias a caminho
de encontrar sua nova forma

a magia das fungos, a dança das enzimas
o labor das bactérias
do sabor

em porões escuros e frios maturam os queijos
envoltos em trapos de linho, descortinados
sobre tábuas, a arte acontece

em contato com os sentidos, atrás
de lábios cerrados que clamam por
uma palavra maior do que gratidão

RUTABAGA

sob a terra ela germina
novos planetas e tantas
luas, envolta em matéria escura

para os tubérculos de rutabaga
o rastelo é um óvni que as transporta
para um outro mundo

sobre a tábua, sob a lâmina
elas são ofuscadas
por sua própria luz interior

também somos cosmonautas deslumbrados pela velocidade
vagando pelo universo
a 107.200 quilômetros por hora

JON STÅLE RITLAND

salsichas são práticas e próprias
para qualquer ocasião; aniversários infantis,
churrascos, passeios de carro com uma parada

no posto de gasolina, no intervalo das
partidas de futebol, no pão, na pizza,
podem ser fritas, cozidas e curadas

são feitas em vários tamanhos, comprimentos, cores
e espessuras e têm muitos nomes: viena,
frankfurt, linguiça, merguez, bratwurst,

chouriço, servelat, mortadela, chistorra, como a própria vida
todas as salsichas têm duas pontas, um começo
e um fim, e entre eles está tudo

CEBOLA

para Peer Gynt a cebola era
uma metáfora da personalidade
o núcleo que faltava

eu corto ao meio
em vez de descascar
e vou às lágrimas

diante dos semicírculos
que soletram sos
continuo a picar

até que fiquem ilegíveis
rodelas de cebolas fritas, translúcidas
como a saudade nos olhos de Solveig

JON STÅLE RITLAND

o fígado é um alimento nutritivo, contém
quase tudo que você precisa para viver

As águias de Zeus eram espertas quando devoravam
o fígado de prometeu, depois que ele foi punido

por ter dado aos humanos o fogo, o fígado voltava
a crescer a cada noite, o patê de fígado na fatia de pão

converte-se na sua própria mitologia, é
o sabor de algo que foi sacrificado por você

PEPINO NAS MANCHETES[2]

já não é novidade
o pepino chegou à Noruega
em 1660, noventa e seis por cento

de água, perfeito se adicionado
a um drinque, em saladas,
o jornal local estampa uma foto

de um fazendeiro com o maior
pepino do ano, que pesou
quase dois quilos!

JON STÅLE RITLAND

o dia mundial do mingau é 23 de outubro, desde que
nossos ancestrais inventaram a agricultura

a maioria dos dias foram de mingau
foi ele o arrimo da população

em meio a tanta fome, Terje Vigen
remou até a Dinamarca para comprar grãos de cevada

arriscando a vida para salvar a mulher e os filhos
Askeladden escondeu o mingau num saco

na barriga e fez o troll cortar
a pança, não vejo por que comer

pelas beiradas, quero logo saber quantas vidas
o mingau já não terá poupado

um céu estrelado
cobrindo o mingau
estalando entre os dentes

adoça o palato
lhe dá a sensação
de que o paraíso está nos sentidos

um gosto tão bom que lhe faz esquecer
que os cristais doces e brilhantes
segredam histórias cruéis, de escravidão,

colonialismo, sofrimento, sangue
antigamente era sinal de status
ter dentes marrons, você tinha dinheiro

para o açúcar, hoje há o temor da obesidade,
diabetes e uma dieta pobre em carboidratos
mas neste instante você não quer pensar nisso

pois sente o doce na boca
e tem a sensação
de que o paraíso está nos sentidos

JON STÅLE RITLAND

parte-se a laranja
em duas, um sol se reflete

a superfície com seus gomos lembra
um relógio sem ponteiros
alguém cronometrou

oito minutos do sol ao olho
um sol desponta, um sol se põe

as sombras se projetam das cascas
da laranja
a noite não conta as horas

segundos são devorados, os minutos

seguem alimentando as horas
mas o tempo nunca se sacia

COLHER

na forma da mão de um pedinte
você segura o cabo

como se fosse um lápis, toma a sopa e é
desenhado por dentro: tripas, órgãos,

você pode ver o esboço ao tirar a colher
da boca, o aço luzidio

espelha um mundo
diminuto e de ponta-cabeça

SKJE

formet som en tiggerhånd
du holder rundt skaftet

som på en blyant. spiser suppe og blir
tegnet innvendig: tarmsystem, organer

du kan se skissen når du tar skjeen
ut av munnen. i det blanke stålet

skinner et portrett der verden
er forminsket og snudd på hodet

JON STÅLE RITLAND

se Abraão foi longevo e teve muitos filhos
deve-se ao consumo regular de iogurte
segundo antigas fontes persas

há sete mil anos já se comia
iogurte na Mesopotâmia, misturado com mel
era considerado um manjar dos deuses

o iogurte é o produto de bactérias que convertem a lactose
em ácido lático, a substância acumulada nos músculos
dos deuses contemporâneos, atletas cujos corpos vão

ao limite saltando de esquis no Holmenkollen com seus trajes
vermelhos e azuis, que à distância parecem morangos e amoras
misturados à brancura da neve

TRUTA

uma fisgada, a linha retesou
e o caniço vergou às margens do lago Ritland

puxei da água minha primeira truta, papai pôs
o cofo sob o peixe de pintas avermelhadas

rente ao espelho d'água, com meu canivete novo em folha
o bucho foi rasgado, a cabeça decepada

frita na manteiga, crocante, com creme azedo, um novo prato para
a vida,
espinhas tão frágeis que não eram um risco comer

ingressei no mundo dos aventureiros
só não consegui engolir o orgulho

PEIXE DE PENHASCO[3]

uma história na ponta da língua,
as papilas gustativas leem

o anzol na mandíbula, sangria, evisceração,
filetamento, antigamente o peixe

era salgado e seco nos penhascos, virado
à mão como as páginas de um livro

o peixe seco era enviado dos fiordes de Møre
para Portugal, Itália, Brasil, Angola

a viagem sempre termina numa cozinha, os filés
são demolhados e então preparados e servidos

cada refeição é um novo começo
sua história particular se forma

enquanto você come, todos os seus momentos
se reúnem num só agora

imaculadamente puro

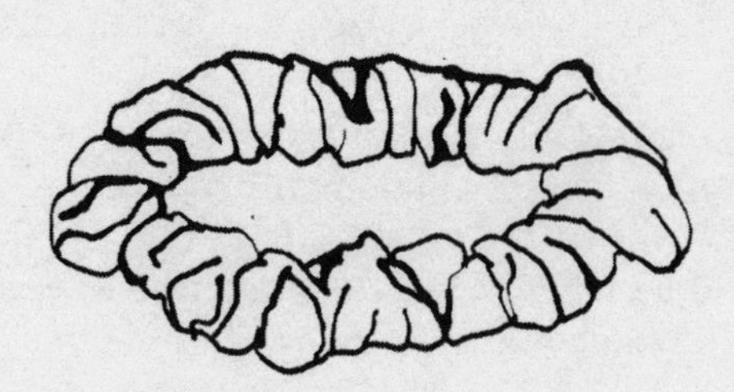

DA KRINGLA CASEIRA À COCA-COLA

FRA HEIMSKRINGLA TIL COCA-COLA

a *kringla* que a namorada faz é tão boa
que eu a chamo de *Heimskringla*[4]

as sagas reais foram escritas por Snorri Sturluson
no século XIII, a *Heimskringla* era o mundo

dos vikings, a terra achatada como um disco, a massa retorcida
como a serpente de Miðgarður, mordendo a própria cauda

o toque de canela e açúcar unem a Ásia
à América Central, a cobertura é um confeito vítreo

a *kringla* é repartida ao modo como senhores da guerra europeus
repartiam as terras no continente africano

degustamos os pedaços do pão doce sem pensar
que o mundo quase sempre se desfaz diante dos nossos olhos

NAPOLEONSKAKE[5]

os eruditos discutem se o bolo de Napoleão
tem sua origem em Nápoles, ou se o nome
homenageia o imperador Napoleão, o bolo
é impossível de cortar sem que se desfaça

o creme lambuza o prato
feito um monte de entulho
um campo de batalha de massa folhada crocante
creme de baunilha e açúcar de confeiteiro

o bolo é poderoso como um imperador, e altivo
como um personagem de Ferrante ou Diego
Maradona, a mão de deus cria
e destrói, cria e destrói

JON STÅLE RITLAND

nenhum paraíso
nada de furtos, as metáforas
deixam de existir

quando assaltamos as macieiras de Ulvik
quando roubamos a poesia
cravamos dentes no idioma

de Olav H. Hauge
no testamento, um mapa
acre no vinco da boca

você joga fora o talo
no estômago ressoa um poema
que desaparece sem palavras

OBRIGADO PELA COMIDA

40 CARANGUEJO

desde a extinção dos dinossauros
o caranguejo defende o que é seu no fundo do mar

com a guarda elevada
qual um peso-pesado do boxe

Muhammad Ali também dançou de lado
com um rei na barriga

o crustáceo se abriga entre os sargaços e a rocha
até o próximo round

cada dia uma luta para sobreviver
virando as costas para o mundo

JON STÅLE RITLAND

um equilibrista
pendurado na borda do copo
de Singapore Sling

uma granada amarela na mão
quando você espreme o sumo
sobre bacalhau e mariscos fritos

como um comentário ácido desperta
um sorriso de esguelha
e realça os sabores do prato

o limão é azedo demais sozinho
mas é um mestre
em melhorar os outros

SITRON

en balansekunstner
hengende på kanten
av en Singapore Sling

en gul granat i hånden
når du skviser ut saftene
over sprengt torsk og skalldyr

som en syrlig kommentar lurer
den frem smil i munnvikene
og løfter råvarenes egenart

alene blir sitronen for sur
men den er en mester
i å gjøre alle andre bedre

LUTEFISK

o *lutefisk* é uma preparação demorada
dos pescados das Lofoten à mesa lotada

o bacalhau é pendurado para secar por três meses
temperado pela clima e pelo vento, como nas pinturas

de Edvard Munch quando ele deixava as forças da natureza
dar a pincelada final em seus óleos sobre telas

por mais de duas semanas, banha-se o bacalhau em soda cáustica
convertendo-o numa massa amorfa de tempo preservado

temos que degustar cada mordida
é um pecado comê-lo com pressa

JON STÅLE RITLAND

todo cogumelo é um parasita
como você e eu, e mesmo assim
ele ergue a aba do chapéu e saúda
humildemente curvando o caule

apartado do solo da floresta
adere ao molho, empresta um sabor
que lhe aproxima
da sua própria natureza

NOZES

a vida se resume
a uma casca de noz

viver da mão
para a boca

até que só o invólucro
reste

JON STÅLE RITLAND

MANJERICÃO

você sente o cheiro de néctar nas narinas
o manjericão tem um efeito calmante

você cochila no sofá, satisfeito e sonolento depois de ter comido
pasta ao pesto, os egípcios usavam manjericão

no embalsamamento, por um átimo você
teme adormecer para sempre

SMALAHOVE[6]

a metade de uma cabeça e um olho
encarando os convidados, o cérebro
foi removido, os pelos, chamuscados
está pronta para servir quando
o músculo da mandíbula se desprende do osso

a metade de uma cabeça e um olho
o encaram de lado
um perfil boquiaberto
aquele sorriso coquete
as pessoas em torno da mesa

e você dividido, num sonho duplo
com a cabeça sobre dois pratos
embora não consiga falar disso
os músculos da face não se
movem, um garfo perfura

o globo daquele olho, o outro
está aprisionado entre os molares
você ensaia contar as obturações
antes que a última imagem
se despedace

JON STÅLE RITLAND

o toque de alvorada
da cafeteira

como um cão pavloviano
abanando a consciência

o milho tem muitas faces, uma delas foi
o herói da minha infância, Björn Borg, que recomendou
começar o dia com *Corn Flakes* da Kellogg's

o deus do sol asteca Huizilopochtli brilha
desde manhã até a noite de tacos no horário nobre da TV
quando nos fartamos de nachos com guacamole

tal como a pipoca que sibila, estoura e é engolida pela
escuridão das bocas
sóis podem se transformar em gigantes explosivos e resfriar,
convertendo-se em anãs brancas que somem no breu da noite

JON STÅLE RITLAND

embrulhado nas notícias
de ontem, um pacotinho
de papel jornal com peixe e

batatas fritas, o remoulade
escorre do garfo de plástico, você está largado
na Anfield Road, sem ingresso

para o estádio escutando o cântico
de milhares de pessoas:
"You'll never walk alone"

você abre o jornal e se consola
relendo o tempo, de volta a uma época
em que as possibilidades ainda não tinham sido desperdiçadas

CAMPONESAS DE VÉU[7]

Ingrid Espelid Hovig ensinou a
preparar camponesas de véu

pode-se improvisar, disse a chef televisiva
com uma piscadela marota, servindo um sorriso

minha tentativa não deu certo,
eu, um citadino desvelado,

trapaceei um pouco e trouxe os convidados
para comer *crème brûlée* no restaurante

JON STÅLE RITLAND

é um paradoxo que
avocado signifique advogado

antes, era cultivado pelos astecas
agora, cartéis controlam

a produção e a venda, trabalhadores
mexicanos vivem com medo e à margem

da lei, botanicamente falando
o avocado é uma baga

o enorme caroço é
uma semente, e estas eram espalhadas

nas fezes de preguiças-gigantes
agora extintas, hoje em dia as plantas

dependem de
marginais

tirar uma Grandiosa do congelador, leva tempo,
na mesma época em que a pizza foi inventada

Galileu Galilei encontrou evidências de que a Terra é redonda,
a sombra da torre de Pisa se move como um relógio de sol

contra a rotação da terra, o tempo avança
desde a renascença, passando pela revolução industrial até

a era digital, em que 35 milhões de pizzas congeladas
são produzidas a cada ano em Stranda, o forno tem

um cronômetro, quando todos os números
zeram o tempo acabou

JON STÅLE RITLAND

dedos retorcidos sob a terra
restos de um mago
que se conjurou para longe

parte da magia permanece
na raiz do gengibre,
para combater náuseas, gota
resfriados e infecções

o aromas do cozimento toma conta do ambiente
enquanto as suas moléstias se disseminam
noutro corpo
feito de ar

pouca coisa se compara a dar
uma mordida num hambúrguer suculento, ou num
kebab na banquinha da esquina

você não tem que preparar a refeição, ela lhe chega
às mãos, não precisa nem pensar em
garfo e faca, lavar louça, o fast food

o empanzina, o molho escorre
enquanto você celebra o tempo que poupou
como se fosse possível comprar tempo

JON STÅLE RITLAND

um segredo imerso em
açúcar e gás carbônico, um original

que ninguém consegue copiar, o icônico
desenho da garrafa, o pretume

ali contido, a felicidade exsuda
dos comerciais, o espoucar da tampinha

quando se desprende, o ar que escapa da latinha que
se abre, o gorgolejo da bebida derramada num copo

com cubos de gelo, a espuma efervescente,
a alegria do primeiro gole sedento, o gosto da América

em gotas de um experimento farmacêutico
conduzido por John Pemberton em 1886

a Coca-Cola é a rainha dos refrigerantes
e tem o poder de definir sonhos

tentam me vender sentimentos
eu continuo a comprar de boa-fé

UM BOCADO DE MEMÓRIAS

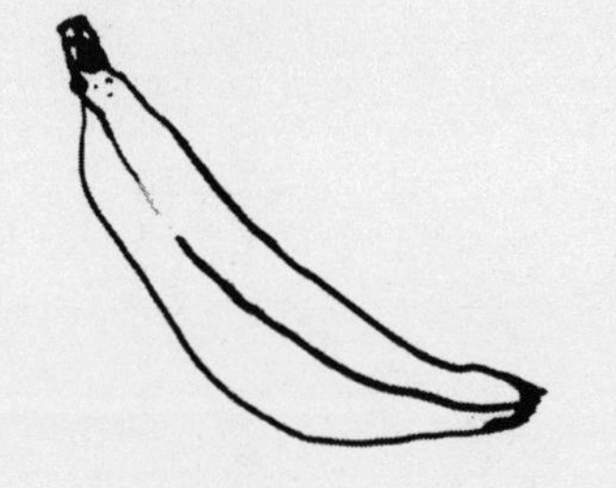

o sentido mais antigo
guarda a lembrança mais longeva

o paladar o põe em busca
de instantes perdidos, como Marcel Proust

quando um pedaço de *kransekake* roça a língua
você retrocede no tempo

a cada ceia de Natal
com um bacalhau celestial

a sobremesa era comida com os olhos
vidrados nos presentes sob a árvore

o bolo são círculos de um tempo perdido
repleto de expectativas

MEXILHÕES

o sabor do mar na sopa
quando as conchas se abrem

você as separa como
asas de borboleta, os lábios encontram

músculos, parentes ancestrais
do tempo em que todos éramos moluscos

e vivíamos no mar, agora o mar
vive em você, nos fluídos corporais, na saliva

você revive um legado
boca a boca

JON STÅLE RITLAND

URTIGA

atrás do cemitério crescem as urtigas
com luvas nas mãos você

cortou as folhas que queimam, preparou um ensopado
que vai bem com peixes gordurosos, você disse

agora é minha vez
de calçar as luvas

memórias aderem aos músculos
enquanto repito seus movimentos

AZUL BELGA

no ’t Hommelhof em Watou
nos serviram bife de azul belga
braseado na cerveja local

essa raça de gado se originou de um
erro genético, a miostatina inibidora
do crescimento muscular foi inativada

quando nossos ancestrais começaram a comer carne
o cérebro humano se expandiu, abriu espaço
para a megalomania, uma eterna busca

por mais, agora temos que conviver com
nossos erros, enquanto continuamos a agir
contrariando nossa natureza

JON STÅLE RITLAND

quando eu era criança e adoecia
me davam leite morno com mel
e uma revista do Pato Donald

eu tinha delírios febris
cercado por um enxame de abelhas
que me cobriam a pele inteira

ninguém conseguia me ver
depois que os insetos voavam para longe
eu havia me tornado outra pessoa

fluido e sem fronteiras
o mundo era um armário de cera
e eu, um boneco derretendo

a mesa de casa entalhada à mão
vem de Hardanger, nas tábuas de carvalho
há vestígios de cinco gerações

abrasões de panelas, mossas em cada cadeira
de tantas refeições, furos de
garfos, manchas de molho

poucos conhecem a família melhor do que a mesa
ela já ouviu confidências, registrou
gargalhadas, viu louças sendo quebradas em brigas

a mesa nos une a todos, quatro pés
sustentam nossas histórias, e uma toalha
recém-passada encobre todas as ranhuras e feridas

JON STÅLE RITLAND

AMÊNDOAS[10]

uma amêndoa escaldada se esconde no
mingau de natal, na cabeça está

outra amêndoa, a amídala
da porção mais velha do cérebro

ela controla emoções, memórias, apetite
medo, os dentes detêm-se em algo duro

sinais de felicidade fluem
entre a amêndoa e a amídala

antes que você possa perceber que a sua felicidade
pode ser a tristeza alheia

ESPAGUETE

os fios de massa grudam uns nos outros
um feixe de neurônios entrelaçando pensamentos

um pulso pressionando as têmporas ritmicamente
Eminem declamando os versos de *Mom's Spaghetti*

as fibras podem aderir a qualquer coisa, infância, luto
relacionamentos, lembranças das férias na Itália, as risadas

das crianças quando imitamos *A Dama e o Vagabundo*
em Monterosso, comendo carbonara ao entardecer

uma mensagem de texto apita no telefone
e voltamos com passos pesarosos ao hotel

eu percebo como alegrias e tristezas perduram
emaranhados como sobras de espaguete

no fundo da panela, impossíveis de desgrudar
sem serem destruídos

JON STÅLE RITLAND

o néctar era a bebida dos deuses
os insetos deixaram algo para trás
nos botões ressecados pelo frio armazena-se a luz

a sopa de rosa-mosqueta industrializada fez o sol invadir
o corpo enquanto só as rosáceas de gelo na vidraça
ainda brotavam

antepassados que partiram dos fiordes de Møre a Portugal
levando peixe seco no porão voltaram
com pimentões, pimenta, vinho
e uma saudade de nome bacalhau

eles aprenderam que os católicos preferiam peixe
às sextas-feiras e na quaresma, quando chegavam em casa
os marinheiros exigiam bacalhau
trazendo a receita da amante no bolso de trás da calça

na família de pescadores da minha namorada
preparam-se as lascas de peixe com tomate,
pimentão, cebola, batata, azeite, com ternura
como faziam as mães e as mães das mães

nós celebramos os vivos e os mortos, camada por camada
de histórias fazem as memórias ganhar vida
e em volta da mesa você escuta
vozes de sete gerações

JON STÅLE RITLAND

em Madri reservamos
uma mesa no restaurante mais antigo do mundo
desde que o Botín abriu as portas, em 1725,
o leitão inteiro na brasa está no cardápio

paredes sólidas, e a carne mais tenra
experimentei a cadeira de Hemingway
no canto, era, como todas as outras,
velha e surrada, boa de sentar

OBRIGADO PELA COMIDA

CREPES

A leiteira de Vermeer ainda verte
o leite na bacia no Rijksmuseum, prosseguimos

para um restaurante dois metros abaixo do nível do mar,
disseram que era a melhor creperia de Amsterdã

no meu crepe enxerguei um rosto
parecia o de Max von Sydow

n'*O sétimo selo* de Bergman antes de a imagem
se dissolver em açúcar e manteiga

a maioria dos instantes desvanece rapidamente
outros duram séculos

PANNEKAKER

Melkepiken *av Vermeer heller fremdeles*
melk i bollen på Rijksmuseum, vi gikk videre

til en restaurant to meter under havflaten,
de sa det var Amsterdams beste creperie

i pannekaken min så jeg et ansikt
det lignet på Max von Sydow

i Bergmans Det sjuende segl *før bildet*
smeltet bort i sukker og smør

de fleste øyeblikk forsvinner fort
andre varer i århundrer

JON STÅLE RITLAND

A RECEITA DESCONHECIDA

x representa a incógnita
ou algo que não existe mais

um enigma para remoer na cabeça, um sinal
para preencher as lacunas, algo que costumam

nos servir, mas que nunca conseguimos provar:
sopa de vento e pão de espera

as almôndegas eram rugosas e manchadas
como a pele dela, e tinham um gosto
próprio, ela revelou que o segredo

estava no molho, mas não bastou conseguir
a receita, na escrita trêmula de uma caneta
tinteiro, nunca teve o mesmo gosto

faltava um ingrediente insubstituível
o toque das suas mãos

JON STÅLE RITLAND

ensopado de ervilhas para acompanhar as almôndegas
como faziam meus pais, avós
e seus antepassados

Gregor Mendel percebeu como as ervilhas
herdavam cor e forma
eu as ponho na água

Mendel também descobriu que as características
podiam ser dominantes e saltar
sobre uma geração, para então ressurgir

na próxima, as ervilhas devem cozinhar
por cerca de duas horas, as crianças não ficaram
exatamente animadas com o ensopado, decepcionado

devo admitir que essa tradição
está prestes a saltar
sobre ao menos uma geração

AMEIXAS SECAS

engelhadas como a superfície de um cérebro
guardando as memórias de um verão

lá estão elas com suas doces lembranças
da polpa, alguns também dizem assim

das melodias que adoravam quando jovens, as
ameixas secas melhoram a digestão

dos idosos, e, estranhamente,
a fruta tenra fortalece o tecido ósseo

as sementes das ameixas não entenderam
o que aconteceu, tão dementes

que não percebem a escuridão do inverno
penetrando até nos poros

e ainda viva nas memórias, na música,
ameixas pendendo num galho ao vento

JON STÅLE RITLAND

O CÉU NO MAR

ARENQUE

mil almas, um só pensamento um coro infantil canta: *Membra Jesu nostri*
o cardume se move síncrono com as mesmas vozes
como um único grande organismo ao longo de séculos
a prata no mar a prata nas vozes
Buxtehude[11] nas oiças desejejum natalino com os parentes
o rádio toca melodias celestiais o sabor pungente do arenque em conserva

ecos de Deus

um monge trapista zela pela levedura
como uma dádiva divina, uma relíquia
assim deveríamos cuidar uns dos outros, quando a vida
se repete e apenas as rotinas
mantêm os dias e as pessoas unidos

quando não se podia confiar na água
a cerveja era a salvação, luz oculta em gotas turvas
porcentagens de segurança, felicidade em goles
Westvleteren número doze, o gargalo da garrafa
aponta para uma conexão sagrada

JON STÅLE RITLAND

com o anzol preso à boca do monstro
pescadores apavorados fisgaram o diabo marinho,
breiflabb, recaimão, o rei da bocarra

eles ignoravam os anjos escondidos
atrás da cabeça enorme, os filetes brancos
sob o couro rígido da cauda

o tamboril já não apavora, antes rejeitado por todos
é agora a iguaria dos menus, inverteram-se os papéis
a mandíbula humana tornou-se o pesadelo do tamboril

BREIFLABB

med kroken i munnen til et monster
kappet skremte fiskere snøret til sjødjevelen,
marulken, havtasken, storkjeftkongen

de visste ikke om englene som gjemmer seg
bak det overdimensjonerte hodet, de hvite filetene
under det seige haleskinnet

breiflabben skremmer ikke lenger, det ingen ville ha
er nå det gjeveste på menyene, rollene er byttet
menneskekjeften er blitt marulkens mareritt

SUSHI (HAIKU)

sushi na páscoa
com makis e sashimis
dois pauzinhos, uma cruz

JON STÅLE RITLAND

antes de ter a língua cortada
o bacalhau bem poderia contar a história
dos noruegueses, explicar por que
as pessoas se fixaram à beira-mar
a evolução dos barcos e instrumentos de pesca
da cura, salga e secagem

antes de ter a língua cortada
o bacalhau, como Hamsun, poderia
gabar-se das aventuras pelo mar de Barents,
discorrer sobre ursos e mulheres na Rússia,
explicar como o mar mostrou aos pescadores
um mundo além do horizonte

agora as línguas de bacalhau
estão fritas na chapa, mudas
como segredos de Estado
você engole uma língua, elimina
as provas, ninguém deve saber
não foram nossos industriosos antepassados
foram os peixes que moldaram a nação

LOURO

as folhas do louro estão sempre verdes
desde os tempos antigos têm sido usadas
como símbolo de vitória, deposito as folhas

na água fervente quando o peixe vai cozer
cada elogio dos convidados recebo
como um pequeno triunfo pessoal

JON STÅLE RITLAND

cavaleiro de armadura negra, Dom Quixote
sem Sancho Pança

os pelos sensoriais se projetam das locas
interpretam os mínimos movimentos da água do mar

a lagosta tem que manter a cabeça fria
embora ao redor tudo ferva

certa de que se deixar cair a máscara
e corar será seu fim

para ficar pronta, a aquavita Linie cruza o equador
duas vezes, toneis de carvalho armazenam o destilado de batata
numa jornada de ida e volta à Austrália

balanço, umidade e calor
adicionam um outro aroma às gotas douradas
beber Løiten Linie é como viajar

a uma outra versão de si mesmo, em que todos os sentimentos
se avivam, os pensamentos destilam-se
no êxtase, a luz se decompõe na claridade

do líquido, o álcool assume a agulha da bússola interior
que o norteia, você sente uma empatia que se estende
em todas as direções, até finalmente ser carregado para a cama

a manhã seguinte lhe ensina uma lição
as garrafas tinindo na sacola,
nada é capaz de reciclar a água da vida

JON STÅLE RITLAND

tal como num interrogatório, você encosta a faca
no adutor, a ostra
se fecha em copas

você joga aberto e tenta
arrancar uma confissão
uma mínima revelação

a ostra entrega suas origens,
suas motivações, você engole a história
inteira, a pureza do sumo escorre pela

goela abaixo, viscoso e salgado
só depois você repara
nas mãos sujas de sangue

pelos sete mares, desde a China,
sem se perder, estimulando

a imunidade, o efeito
antibiótico foi descoberto por Louis Pasteur

os veleiros com alho ainda navegam
numa caçarola sob o fogo na cozinha

para finalmente ancorar quando o caldo
é coado, a gordura desembarca na pilha de compostagem

mas o sabor permanece na sopa
e no espírito de todos que a consomem

no hálito você tem o *tao*, uma palavra para tudo
que não pode ser descrito

JON STÅLE RITLAND

por oito semanas, as trutas são lacradas num recipiente
com sal, açúcar, enzimas e micro-organismos
para apurar o sabor e a consistência

o *rakfisk* bem pode ser a sua última refeição
toxinas de bactérias podem causar botulismo, os músculos
paralisam até impedi-lo de respirar

um gostinho de morte, mas *rakfisk* com creme azedo,
cebola roxa, batatas e *lefse*[12] é tão tentador
que a gente ignora o risco

RAKFISK

ørretene legges i en lukket boks i åtte uker med
salt og sukker, enzymer og mikroorganismer
bearbeider smak og konsistens

du risikerer at rakfisken blir ditt siste måltid
toksiner fra bakterier kan gi botulisme, musklene
lammes til du ikke lenger får puste

en forsmak på døden, men rakfisk med rømme,
rødløk, poteter og lefse er så fristende
at de fleste ser bort fra farene

céu no oceano, um disco voador
serpenteia entre as estrelas-do-mar
e a luz diáfana do cardume de cavalinhas

uma criatura esquisita, de olhos vesgos para a direita,
o enorme peixe achatado sempre vira
o lado esquerdo do corpo luzidio para o fundo

mar no céu, sobre um prato jazem pele
e ossos e nenhum necrológio, as últimas palavras estão
sepultadas em milhões de ovas no fundo do mar

JON STÅLE RITLAND

as almas dos mortos sustentam o teto
de igrejas e catedrais
com sua eterna paixão
pelo céu

existe uma gravidade reversa
um grama de açafrão pode elevar
a experiência de uma *bouillabaisse*
aos céus

o açafrão é o tempero da saudade
uma força contrária à lenta queda
que chamamos de vida, a esperança é dourada
e pesa quase nada

NA LÍNGUA, O PESO DO CORAÇÃO

este é um conto sobre saudades de casa
uma nostalgia que se esconde

na musculatura, nadando contra
a corrente, na busca por si mesmo

você partiu, no curso do rio
da água doce aos oceanos

o caminho que percorreu deu-lhe a força
para vencer cachoeiras, a resistência

no regresso o moldou, a correnteza
do rio Drammen me devolveu a face

é almoço de domingo na casa dos pais
as postas de peixe rosadas luzem no prato

cheguei em casa

os sais em minerais e rochas
mantêm o mundo coeso

o sal no mar
faz o corpo sentir-se leve

o sal nas baterias
dá conta da energia

o sal nos fluidos corporais
aumenta a pressão arterial

o sal no molho
apura os sentidos

o sal na mesa
quebra o silêncio

pode me passar o sal
digo e quero dizer

pode olhar para mim, querida
me dar a sua mão

JON STÅLE RITLAND

o que seria do sal sem a pimenta-do-reino
como um casal de nubentes, juntos
em qualquer mesa posta no mundo, à espera
de uma mão, um cumprimento

os olhos não conseguiriam perceber a luz
sem o escuro como referência
quão pobre soaria o piano
sem as teclas negras

a refeição também precisa de um contraponto
para ser equilibrada, algo com o poder
de erguer o que é frágil, algo com peso
e profundidade para desafiar os sentidos

a pimenta funciona melhor quando realça
e esconde-se atrás de todos os outros sabores, e assim
as pintas pretas como carbono desaparecem como num diamante
que reluz mais intenso quando ninguém está olhando

TOMATE

jovens corações
irradiam
luz vermelha

vinte e cinco anos passaram
cada manhã mesmo assim é nova
ela pica os tomates, as horas

o radio toca um sucesso atemporal
eu ainda enrubesço
quando ela me olha

JON STÅLE RITLAND

maior que tudo é o amor
e as baleias que zelam
pelos oceanos

nenhum mamífero viajou tanto
e tão longe para terminar numa bandeja

com o gosto de outra existência
porcionado e congelado em embalagens

você mastiga a carne e pensa
em todas as subidas e mergulhos

profundos, rumo ao breu completo
até voltar à tona ofegando por ar e por luz

mar de memórias, um esforço eterno
de deglutir o passado

triturar a saudade e o luto em pequenos fragmentos
para que o mal se afogue ante a algo maior

só então você tem uma perspectiva
maior que tudo é o amor

e as baleias que zelam
pelos oceanos

folha sobre folha
como uma Bíblia orgânica

um catálogo de verdes
com efeitos terapêuticos

o repolho protege o coração
previne o câncer

com antioxidantes, pectinas
vitaminas, minerais

uma cabeça sem ideias, mas forte
o bastante para curar o sofrimento

ponha uma folha sobre a ferida
que ela irá sarar

JON STÅLE RITLAND

VIGÍLIA (28/03/2013)

em abstinência, um viciado
ajoelhado na praça da estação
arranca um pedaço de pão

e o dá a uma puta
trêmula, dizendo:
este é o meu corpo

então lhe estende
o caneco de esmolas e diz:
tire esta noite de folga

AMORA-DO-ÁRTICO

as noites não passam de uma sombra
de si mesmas

os dias esticam o pescoço
além do horizonte

os arbustos de amoras-do-ártico nos pântanos
absorvem a luz que tarda

e pacientemente destilam
a cor do sol

JON STÅLE RITLAND

reflexos vermelhos no olho da rena nos fizeram
parar o carro próximo a Kautokeino

havíamos chegado, o casal de idosos Sámi
nos serviu carne seca e a história da migração da primavera

com o rebanho de renas e os pais, uma foto antiga
numa caixa de sapatos mostrava minha mãe grávida

a história se repete sobre o caldeirão com nacos de rena
ela viu que também esperávamos nosso primeiro filho

as fotos, os casacos coloridos
o aboio demorado, o verde da aurora boreal

esmaeceram quando a cabeça de um bebê coroou
na longa jornada de volta à casa

ARANDO[13]

glóbulos vermelhos
de uma corrente sanguínea maior
apinhados ao solo estéril da montanha

os arbustos resistem firmes
ao vento e tempestades, sobrevivem
mesmo ao inverno mais frio

os arandos conhecem a solidão
enquanto esperam pelo sinal vermelho
e por alguém que pare para colhê-los

e os aproximem ao cheiro da carne de caça
seja de alce, cervo, rena, perdiz, para enfim
desaparecer num molho encantado

JON STÅLE RITLAND

ESTABILIZANTES

você se apronta
se maquia
se perfuma
tenta deter
toda a decrepitude

querendo que eu goste
de você mais do que
ninguém e tira
a estabilidade
da minha boca

OBRIGADO PELA COMIDA

ROMANESCO

o romanesco é o resultado
da mistura entre o brócolis e a couve-flor
cada flor é uma escultura botânica

na forma de fractais perfeitos
a simetria é a mesma
de todos os pontos de vista

a beleza geométrica
tem em si algo desumano
quando vejo imagens, pessoas, rostos

os olhos procuram desequilíbrios,
imperfeições, algo que possa compensar
meus próprios erros e defeitos

JON STÅLE RITLAND

MORANGOS SILVESTRES

todo verão eles brotam
nos mesmos lugares

pontos vermelhos na floresta
eu estou na frase que estanca

preso no que não é dito
entre os lábios

você é uma letra capital
que pode nos levar além

OBRIGADO PELA COMIDA

a incompreensível
matemática
do amor

quando corações
são divididos
tornam-se maiores

JON STÅLE RITLAND

VOCÊ SE ILUMINA POR DENTRO

ALMOÇO NA LITTERATURHUSET[14]

enquanto examinávamos o cardápio
perguntaram a Jan Erik Vold
quais poemas nosso tempo precisa

devemos escrever os poemas que não
foram escritos ainda, respondeu Vold,
e eu tomei nota

LUNSJ PÅ LITTERATURHUSET

mens vi leste menyen
ble Jan Erik Vold spurt
om hvilke dikt vår tid trenger

vi skal skrive de diktene som ikke
er skrevet ennå, svarte Vold,
og jeg noterte meg dette

OBRIGADO PELA COMIDA

dez braços cada um com seu cérebro
mantêm unido o corpo flácido
até ser pescado, temperado, frito,
minhas mãos também têm vontade própria

elas se esticam na direção do prato
lá, anéis e pequenos
tentáculos parecem algoritmos
que alimentam a consciência, luz

de todas as telas se infiltra
no que é íntimo, nos infiltramos,
enredamos em teias, como ventosas
grudamos os dedos no teclado

quando o polvo sente medo
expele tinta, se faz
invisível, esconde-se em sinais
maiores do que si mesmo

dez dedos cada um com sua vontade
arrastam o texto em sentidos diferentes
posso ler este poema e me perguntar
quem o terá escrito

JON STÅLE RITLAND

o azeite sobre a salada
é a continuação de uma longa história
da Odisseia, via Horácio, ao Getsêmani

desde a Antiguidade até o presente, prepara-se a *focaccia*
segundo a receita da minha avó, disse o cozinheiro,
assada em forno de pedra, o azeite é extra virgem

oliveiras podem ter dois mil anos de idade,
veja como reluzem as folhas da alface, o azeite
as lubrifica por dentro, torna-se parte

da sua história, disse ele, cada ingrediente
tem um papel, vivemos um drama
um diálogo entre natureza e corpo que dura uma vida

OBRIGADO PELA COMIDA

vestidas como mendigas
tubérculos de cascas rotas

cujos antepassados viajaram
dos Andes

migrantes ilegais que criaram raízes
ao serem enterrados em solo estrangeiro

um batalhão de calorias
descascadas e cortadas

reluzem agora sua chama amarela
em todos os pratos

cientes de que nenhum outro
tubérculo salvou tantas vidas

JON STÅLE RITLAND

o trigo tem vários heterônimos
como Fernando Pessoa: massa,
cuscuz, miga,
pão e baguetes

no cereal se encontra as sementes das várias
civilizações, a cada ano comemos o peso
do nosso corpo em trigo
nossas vidas são versadas

enquanto a comida se inscreve nas células
novos capítulos de biografias
quem não gosta de trigo
que coma o pão que o diabo amassou

FEIJÕES

sentado no salão de jantar do hotel, lendo
o jornal sobre o embate de gigantes

o desjejum inglês é algo à parte
ovo, bacon, torradas, feijão ao molho de tomate

li que a historinha do *João e o pé de feijão*
tem cinco mil anos

que então as pessoas já sonhavam com ovos de ouro
e com luxo enquanto comiam feijão

a decoração sugere tempos coloniais, britânicos
que enriqueceram com tesouros do mundo inteiro

um dos gigantes, um jogador do Chelsea, senta-se
na mesa ao lado, seus anéis de ouro faíscam

ele ataca o feijão, eu suspeito que
o desjejum é a única coisa que temos em comum

JON STÅLE RITLAND

MATPAKKE[15]

o *matpakke* é uma tradição de um tempo
em que os noruegueses trabalhavam ao ar livre
todo dia, no almoço, você pode ouvir

um crescendo de sons crepitantes
de papel sendo dobrado e enrolado
abafando as vozes nos refeitórios

há quem diga que esse barulho irritante
outros, por sua vez, dirão que
soa quase como o hino nacional

SORVETE

há leis
regulando os ingredientes do sorvete

se me coubesse decidir
seria proibido

servir sobremesa
sem sorvete

JON STÅLE RITLAND

PERA

uma lâmpada acesa no prato de sobremesa
raios de luz de uma pera enlatada

uma baleia branca à deriva
em rota de colisão com um iceberg

imersa em calda
iluminando-o por dentro

refere-se ao poema na página 113
com a citação de Jan Erik Vold
este é um exemplo de poema

que já foi escrito
por Inger Hagerup, por isso eu, é claro,
não tenho mais nada a acrescentar

JON STÅLE RITLAND

arroz é sinônimo de comida
em várias línguas asiáticas, a

sustância de metade
da população da terra, todos os sábados

comemos mingau de arroz com canela
e açúcar, uma ilhota de manteiga no meio, na TV

vejo imagens de pessoas famélicas
me pergunto se a porção que comi

não deveria ser de outra pessoa
temendo que um menino

em Sichuan passe fome
por minha causa

garantir às pessoas comida suficiente
é um trabalho pacificador, Karen Blixen

narra a reconciliação que ocorre
à mesa de Babette em Berlevåg

a fome leva à ira, uma fúria
que já causou revoluções, eu posso explodir

por nada e entrar em crise se o açúcar no sangue
cai, um pedido de desculpas custa

umas poucas calorias apenas, mas a paz duradoura
só é possível para quem está de barriga cheia

JON STÅLE RITLAND

trufas são raras e crescem no subsolo, em volta das
raízes de carvalhos, faias e avelãs, um cão trufeiro

pode farejar o Santo Graal da culinária
meio metro sob o chão, os fungos

aromáticos realçam o sabor de molhos, omeletes
e pratos amanteigados, e são apreciados por todos

os chefs e gourmets, um quilo de trufas
pode custar quinze mil reais, uma boa colheita

pode sustentar uma aldeia inteira por um bom
tempo, caso quem as descobriu resista à tentação

CHÁ

Marco Polo trouxe folhas de chá para a Europa
Churchill afirmou que o chá era tão importante quanto as balas

no Japão da Segunda Guerra, uma cerimônia do chá podia durar
quatro horas, os russos esgotam seus samovares

bebe-se mais chá no mundo que café, refrigerantes e álcool
juntos, aromas de diversas misturas de chá invadem

as salas de estar dos sete continentes, degustamos a bebida adoçada
enquanto um novo milênio nos conquista pelas entranhas

JON STÅLE RITLAND

TRAVESSA DE FRUTAS (TATE MODERN)

a obra *Still Life* mostra
uma travessa de frutas apodrecendo
micro-organismos trabalhando fazem
maçãs, peras e pêssegos evaporar

no vídeo de Sam Taylor-Wood
o tempo é uma grande andorinha
que lentamente engole
tudo que encontra pela frente

meses reduzidos a quatro minutos
apenas um objeto ali permaneceu
imune à devastação do tempo:
uma caneta de plástico

OBRIGADO PELA COMIDA

SALADA

alface, rúcula, agrião,
quem disse que não, você disse salada, eu, palavras
salada de palavras, poesia dadaísta sem

sentido, rasgando a língua, feridas
sintáticas, falas esquizoides, incoerentes
e tão incompreensíveis quanto a existência

decorar a refeição com folhas verdes
vesti-las com molho, imaginar que o idioma da comida
costuma ser o único que realmente compreendo

JON STÅLE RITLAND

a base tem três andares
recheados, cobertos com creme
decorados com bagas frescas

não há aniversário sem
torta de creme, você conta as velas
enquanto são acesas

o mais difícil
é soprar as primeiras
e as últimas, ninguém sabe

quantas tortas ou velas
serão, mas cada ano é
um novo recorde pessoal

um pedacinho da Noruega
diz o anúncio

sem mencionar que Colombo trouxe consigo
os grãos de cacau para o outro lado do Atlântico

que os maias foram os primeiros a cultivar o cacaueiro
que a Costa do Marfim é hoje o maior produtor

vacas pastam à beira do caminho para a montanhas
uma barra de chocolate se parte entre os dentes

na cavidade oral um pedacinho derrete
felicidade globalizada

JON STÅLE RITLAND

BRÓCOLIS

uma flor por desabrochar, rica em vitaminas
reduz o risco de câncer

uma árvore em miniatura, caso você não goste
coma assim mesmo e cale a boca

TÂMARA

a tâmara aparenta ser tão velha
e está conosco desde os tempos
bíblicos até o lanche de hoje nas férias

da Páscoa, uma semente de dois mil anos
de uma tamareira brotou em 2008
em Massada, perto do mar Morto

a semente era da época em que palmeiras
estavam espalhadas pelas ruas de Jerusalém
enquanto Jesus surgia montado num jumento

palavras também são sementes, armazenadas na literatura
que quiçá só floresceirão
milênios mais tarde

JON STÅLE RITLAND

o burburinho da festa nos manteve acordados
ouvimos os adultos, reclusos

no porão, trituramos o alfabeto, dividimos
as letras, adicionamos novos

sinais a uma língua que
desconhecíamos, o mundo era impossível

de ler, não tínhamos palavras
por isso criamos novas

OBRIGADO PELA COMIDA

se este livro for um sucesso
quero comemorar com caviar
russo, preferencialmente beluga, o preço

é de cem mil reais por quilo
pode ser de cair o queixo mas
o caviar de ovas de capelim da Mills

sob uma rodela de ovo cozido já estará
bom demais, mas visto que as pessoas compram um livro para
ter em casa, outro na casa de campo, outro para o veleiro

e os poemas serão traduzidos para muitas línguas,
de preferência majoritárias, então prometo escrever
um poema sobre o sabor do caviar russo

JON STÅLE RITLAND

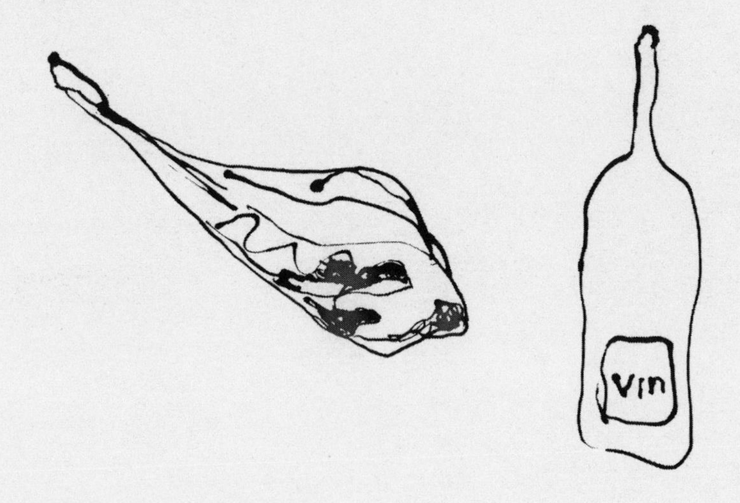
vin

UMA SUSTANÇA QUE VOCÊ NEM VÊ

você risca uns quadradinhos
na pele do peito de pato
na embalagem, lê
as instruções em dinamarquês

língua que lembra um conto de fadas de
Andersen, *O patinho feio*,
refogar os cortes de carne é como
ser diferente, temer o estranhamento

de ser um outro e não o alguém que você
e os outros acham que é, tire a assadeira do
forno, passe o molho na peneira, na carne estão
pedaços do paraíso, pela janela

você avista um casal de cisnes, duas flechas no ar
apontam para o dia de amanhã, em que
algo estranho está à espreita, talvez
mais sublime do que você tenha razões para crer

AND

du riller et rutemønster
i skinnsiden av andebrystet
på pakningen kan du lese
de danske instruksjonene

språket minner om eventyr av
HC Andersen. den grimme ælling,
braserer kjøttstykkene. det handler
om å være annerledes. fremmedfrykt

om å være en annen enn du selv
og andre tror. tar stekebrettet ut
av ovnen. siler kraften, i kjøttet er
biter av himmelen. gjennom vinduet

ser du et svanepar. to piler i luften
peker mot morgendagen. der noe
fremmed ligger og venter, kanskje
vakrere enn du har grunn til å tro

na receita de Alice B. Toklas deve-se
ferver os aspargos em água salgada e servi-los
com molho cremoso picante

entre os ingredientes estão sumo e casca de
limão, a poeta e sua amante Gertrude Stein
teriam dito sobre esta receita:

o limão sou eu, todo o resto é Alice

JON STÅLE RITLAND

farfalhar de asas
antes de o estrondo ecoar em Finnmarksvidda

depois um baque surdo
e penas pousando na urze

as perdizes pendem num tumulto mudo
sob o teto da varanda, maturando

antes que o silêncio se rompa, a síncope
quando a cabeça é decepada

os ossos, quebrados, coração e moela extirpados
fritos com gordura na panela

o ritmo dos talheres rasgando
os braços em automático

enquanto a carne selvagem
o ergue em suas asas

uma decoração colorida por ervilhas,
cenouras, ovos e camarão

envoltos em gelatina transparente
uma receita que materializa o 17 de maio[16]

a nação também está unida
por estruturas invisíveis, laços narrativos

uma força que não enxergamos demonstra
quão frágil a sociedade pode ser

uma alegria borbulhante, ou a irritação
diante da bebida cara desperdiçada sendo
despejada sobre pilotos de Fórmula 1 e ciclistas vitoriosos

ao espoucar uma garrafa de champanhe
celebramos tudo o que vale celebrar:
ano novo, aniversários, vitórias, contratos

o champanhe é do norte da França e traz
consigo minerais do solo, o gás
provém da dupla fermentação

quando a garrafa é aberta com um estouro, serve-se
um paradoxo nas taças, as uvas do líquido mais caro
provêm de um solo pobre

FÅRIKÅL

você sabe que é outono quando o aroma do cordeiro
ensopado com repolho escapa pela brecha da porta da cozinha

o prato nacional norueguês é fácil de
gostar, e o repolho facilita a digestão

o outono também recende a gases
que escapam pelo cós da calça

JON STÅLE RITLAND

herdamos a panela wok da
dinastia Tang, na China, ela

tem a forma de tigela como uma antena parabólica
que capta as imagens do Ninho de Pássaro em Pequim

como se o dardo que Andreas Thorkildsen arremessou
jamais tocasse o chão

vivemos sobre uma placa encurvada acima das chamas
do âmago da terra, a fumaça da wok

sobe aos céus, eu ergo os olhos
para estrelas e planetas

me preparo para "Beber sozinho ao luar"
à moda de Li Bai, sua voz

ressoa no próximo copo

poesia líquida
do solo, de um alfabeto

que cresce na Alsácia, Borgonha,
Calábria, Dão, Eger, Friuli etc.

nos barris atua o tempo
plasmando o idioma do vinho

em cada uva há sementes
de novos poemas

mensagem engarrafada
do futuro

JON STÅLE RITLAND

MIRTILOS

o vento outonal sussurra nos ouvidos
é época de coleta na floresta

você vê três gerações se curvando
sobre os arbustos de mirtilos

um planeta azulado
repentinamente escapa da órbita

do seu campo gravitacional
para a boca de uma criança

dedos mágicos
da cor de fogo
enfiados na terra
escondidos do sol

em fevereiro, vejo o boneco de neve
derreter, no gramado fulvo
jazem os restos, jaquetas sem botões
e uma cenoura murcha

um dedo amputado aponta
para mim, e me acusa
de ser o culpado
na primavera

JON STÅLE RITLAND

a intensidade de uma pimenta é medida
na escala Scoville, numa competição

descobre-se quem ousa
comer a variedade mais picante

Dragon's Breath é a mais potente
e pode levá-lo ao oitavo círculo

do *Inferno* de Dante, ateando fogo
aos neurônios, as endorfinas fluem

a pressão arterial diminui e o risco de AVC
mantém o céu ao largo

MEXIDÃO

tire as sobras da geladeira
corte tudo, meta na panela, acenda o fogo

tempere os ingredientes como num experimento
no qual o impensável pode acontecer
como a vida surgindo de um oceano primordial em ebulição

tudo precisa ser reaquecido
antes que passe da validade

JON STÅLE RITLAND

DA IMORTALIDADE E DA RECEITA PARA UMA VIDA MAIS LONGA

foram pombos que levaram a ambrosia para
o Olimpo e deram as deuses a juventude eterna

os deuses nórdicos ficaram imortais
depois de comer as maçãs de Iðunn

os deuses que antes guardavam a verdade
desapareceram, agora tudo são estatísticas

os humanos, infelizmente, não podem comer a si mesmos
para adquirir vida eterna, mas se você comer todos os dias:

100 gramas de chocolate meio amargo
400 gramas de frutas e vegetais
2,7 gramas de alho
68 gramas de amêndoas
100 gramas de peixe
e beber uma taça de vinho

calculam então os pesquisadores que sua
expectativa de vida pode aumentar em cerca de cinco anos

(Franco *et al.* BMJ 2004;329:1447-1450)

CARACÓIS

em *Como gostais*, Shakespeare escreve
sobre comer caracóis marinhos
o cenário é a maré baixa

você submerge os caracóis em manteiga
e alho, grelha-os no fogo
tira-os da concha

com um palito, último ato
antes que caia o pano:
fecha os lábios e engole

encosta o ouvido na concha, ouve
o vazio, uma espécie de zumbido
o sussurro eterno onde finda a poesia

JON STÅLE RITLAND

uma parte do mar se fundiu
como soro no sangue
quando você pisou na praia

um osso da sorte range
dentro do corpo
quando a sede rói

você vadeia o rio
só a pele separa
o dentro do fora, você bebe

se transluz, seu reflexo
se retorce, se dissolve
afunda e vai com a corrente

dói muito dizer adeus a quem
partirá para longe, sem saber
se um dia voltaremos a nos ver

desde o mar dos Sargaços, uma enguia
leva três anos para chegar à costa norueguesa
para depois fazer o caminho de volta

sinto falta do sabor penetrante
de enguias defumadas, agora elas estão na lista vermelha
lembro-me delas presas à parede

com um prego na cabeça
achava que poderiam sobreviver a qualquer coisa, os corpos
molengas e esguios se remexendo por horas

como uma escrita cursiva, uma carta de despedida, desviei
o olhar, quando o barco partiu,
quando o avião decolou, dói muito dizer adeus

JON STÅLE RITLAND

você pode agradecer pela comida
por tudo que você é
tudo que tem

pelo cordão umbilical
leite materno, garfo e faca
suas armas mais importantes

nos criamos
na mastigação
na absorção intestinal

o arco palatal um portal
que conduz a um templo
cada refeição, uma resposta

às preces do corpo
enquanto nos remoldamos
de novo e sempre

trago as mãos
ao meu estômago cheio
agradeço aos agricultores, pescadores,

motoristas de caminhão, açougueiros,
cozinheiros, garçons, colhedores
e empregados de supermercado

ESTE LIVRO NÃO TERIA sido possível sem Tor Erik Standal, Johs Aspehaug e Arne Farstad. Este trio organiza uma festa gastronômica a cada dois anos chamada "Det Sunnmørske Spiskammers" ["Os comensais de Sunnmøre"]. Esses cozinheiros amadores, mergulhadores, coletores e caçadores entusiastas buscam ingredientes locais da praia, fundo do mar, jardim, floresta e montanhas e convidam bons amigos para jantares que consistem em 25 a 45 pratos. Eles costumam recorrer a ingredientes incomuns e combinações surpreendentes. O primeiro prato é sempre ovas de ouriço-do-mar vivo!

Tor Erik perguntou se eu poderia contribuir com alguns poemas para o banquete deste ano, que infelizmente foi cancelado devido à pandemia da covid-19. Quando soube do cancelamento, eu já estava absorvido pelos poemas sobre comida. O tema é tão diversificado que continuei escrevendo, e o resultado está neste livro. Mal posso esperar pelo próximo festival gastronômico, e quero contribuir com alguns poemas.

Além dos acima mencionados, gostaria de agradecer a muitos outros que me proporcionaram boas experiências gastronômicas. Penso especialmente em meus pais, na minha esposa, Gry, no resto da família, bons amigos e chefs que contribuíram com inspiração. A todos quero dizer: obrigado pela comida.

Jon Ståle Ritland

A COMIDA MANTÉM AS HISTÓRIAS VIVAS, diz um dos versos de Jon Ståle Ritland, poeta norueguês apresentado nesta publicação pela tradução de Leonardo Pinto Silva. Em outro verso ele escreve: *os mitos sobre a comida afetam os sentidos.* E complementa mais adiante: *a sensação de que o paraíso está nos sentidos.*

A comida é um elemento tão profundamente enraizado na cultura que a partir dela é possível conhecer aspectos que muito extrapolam o simples ato de ingerir com finalidade única de nutrição. Pela comida é possível saber sobre um povo, sobre a terra, sobre o tempo e sobre a inteligência que o faz inventar formas de driblar a fome em tempos de escassez: salgar, desidratar, curar, produzir uma compota. O alimento cozinha elementos antiquíssimos, tecnológicos, geográficos.

Se o contexto alimentar norueguês envolveu o desafio de ter se desenvolvido em ambiente inóspito, tendo atravessado guerras e pestes, no Brasil das contradições a realidade se desenha em uma imensa desigualdade social na qual alguns escolhem ostentar refeições com peças de carne folheadas a ouro enquanto outros vivem em estado de insegurança alimentar constante. Isso sem falar de outros tantos que lutam pela agricultura familiar orgânica, do veganismo, da agrofloresta, dos que cultivam hábitos saudáveis por razões de saúde ou beleza, ou daqueles que atualizam tradições antigas trazidas de tantos lugares para compor um contexto múltiplo contornado por essa palavra chamada país. Comer é sempre, e também, sobre política.

Se os japoneses e os chineses passaram milênios refinando rituais de cerimônias do chá, os mbyá-guarani festejam o milho desde tempos imemoriais e os andinos oferecem a bebida fermentada chicha como forma de agradecimento à terra pela colheita dos mais diferentes tipos de batatas coloridas, o que pode um poeta norueguês dizer sobre comida? E de que maneira isso se encontra com poesia?

Jon escreve: *O fenalår tem o gosto dos contos de fadas e a aparência do mapa da Noruega*. A receita típica escandinava, que consiste em uma perna de cordeiro curada, é apenas um dos alimentos a partir do qual o poeta escreve seu tão delicado e sinestésico *Obrigado pela comida*. Por seus poemas somos levados através dos fiordes, entramos num barquinho a remo no lago Ritland, sentimos o cheiro das enguias defumadas e o aroma acre dos porões escuros onde se maturam queijos enrolados em trapos de linho. Uma cabeça de ovelha pousa no prato. Peixe com soda cáustica. Prata no mar, prata nas vozes, o arenque em conserva traz os ecos de deus.

Mas, para além das amoras-do-ártico, do amor do *fårikål* no outono e dos práticos *matpakke*, o livro também se compõe de elementos que cruzam fronteiras: panelas wok, frango ao curry, *corn flakes* e chocolate. Jon também escreve sobre o método provavelmente mais utilizado em todos os continentes – o popular e conveniente mexidão:

tire as sobras da geladeira
corte tudo, meta na panela, acenda o fogo
tempere os ingredientes como num experimento
no qual o impensável pode acontecer
como a vida surgindo de um oceano primordial em ebulição.

Pela comida (e pelo poema) também se encontra. E se descobre. E se improvisa e se lê através de ilegíveis cebolas enquanto se marinam ingredientes inusitados como Muhammad Ali e Shakespeare.

Se uma banana virou arte pelas mãos de Andy Warhol e Maurizio Cattelan, imagine o que mais se pode fazer com tantas especiarias, condimentos, palavras e alguma dose de intuição. Se o bacalhau é capaz de contar a história dos noruegueses, imagine o que pode dizer o alimento mais antigo do mundo: *Um pão é muito mais do que um pão.*

Ana Estaregui

NOTAS DO TRADUTOR

1. *Svele*, também conhecida como *lappe*, panquequinha à base de leite azedo. p. 13

2. *Agurk-nyheter* ("noticiário de pepino") é como os noruegueses se referem à entressafra de notícias, em geral durante as férias, quando os jornais são obrigados a preencher as páginas com fatos irrelevantes. p. 26

3. *Klippfisk* designa a técnica de cura de peixes salgados à sombra de penhascos arejados, daí o nome, e se aplica a várias espécies, sendo a mais famosa o bacalhau-do-atlântico, *Gadus morhua*, que em norueguês é chamado, entre outros nomes, de *torsk* ou *skrei*. p. 33

4. A *kringla* é um doce em forma de anéis que lembra a rosca. O autor faz um trocadilho com *heim* ("lar") e remete assim à *Heimskringla* ("Orbe do mundo"), célebre saga de reis que descreve as origens míticas das coroas escandinavas, de autoria do islandês Snorri Sturluson (1179-1241). p. 37

5. O bolo de Napoleão consiste em massa recheada com creme e lembra um mil-folhas. Aliada da França e afetada pelo bloqueio naval da Grã-Bretanha, a Dinamarca-Noruega de então passou a produzir açúcar da beterraba sacarina, e o nome do bolo se popularizou como um possível desagravo ao poderoso aliado do sul. p. 38

6. Cabeça de ovino, prato típico natalino nas áreas rurais da Noruega. p. 46

7. Doce à base de creme, maçãs e nozes. p. 50

8. Nas décadas recentes, essa marca de pizza congelada, à venda em supermercados, transformou-se numa instituição na Noruega, com direito até a *jingle* comercial ocupando as paradas de sucesso. p. 52

9. Bolo à base amêndoas em forma de pirâmide de rosquinhas empilhadas, servido em celebrações, decorado com açúcar de confeiteiro e bandeirolas da Noruega. p. 59

10. Reza a tradição que uma amêndoa deve ser colocada no arroz doce servido na época natalina, e quem a encontra ganha uma prenda, em geral um porquinho de marzipã coberto com chocolate. p. 65

11. Dieterich Buxtehude (1637-1707), compositor barroco teuto-dinamarquês. p. 79

12. Espécie de panqueca à base de batata.

13. *Vaccinium vitis-idæa*, baga das altas latitudes boreais semelhante ao arando mas de sabor distinto. p. 104

14. A Casa da Literatura de Oslo é a maior da Europa e sedia uma série de debates, eventos e atividades culturais. p. 113

15. *Matpakke* ("comida embrulhada") é o mais próximo da marmita brasileira. É costume fazer a refeição do meio-dia no trabalho levando comida de casa, que consiste em geral do mesmo que se comeu no desjejum, pão com uma infinidade de coberturas possíveis (peixe, queijo, presunto, ovas etc.), tudo embalado em papel-manteiga ou similar. p. 119

16. Dia da Constituição, data nacional da Noruega. p. 142

ÍNDICE

Essa tradução foi publicada com
o apoio financeiro da NORLA.

JON STÅLE RITLAND

Nascido em 1968, é médico oftalmologista e poeta. Estreou em 2004 com *Kroppsvisitasjoner* ("Revistas corporais"). Na mesma linha, publicou ainda *Vannmerker* ("Marcas d'água", 2009), *I bane rundt en gul ball* ("Na órbita de uma bola amarela", 2014), *Karbonforbindelser* ("Ligações de carbono", 2019) e *Øst for verdens ende* ("A leste do fim do mundo", 2023). Por sua vez, *Obrigado pela comida* (*Takk for maten*) foi publicado em 2021 na Noruega e traduzido para o sueco em 2022. A obra poética de Jon Ståle Ritland explora com predileção as relações entre a poesia e as ciências naturais, tema caro ao autor desde a sua juventude. Participou de festivais de poesia em Copenhague (2012), Berlim (2013), Oslo (2014), St. Andrews, Escócia (2015) e Roterdã (2016).

MAGNUS FURUHOLMEN

Nascido em 1962, músico e artista plástico, é um dos componentes da banda a-ha. Iniciou seu projeto solo a partir da primeira pausa da banda norueguesa, após o lançamento de "Shapes That Go Together". Magne hoje é um respeitado artista, exibindo seus trabalhos em diversas exposições pela Europa.

LEONARDO PINTO SILVA

Nascido em 1970 e formado em jornalismo e administração, atua como tradutor com ênfase nas línguas escandinavas (norueguês, sueco e dinamarquês) há quase três décadas. *O mundo de Sofia* (Jostein Gaarder, Companhia das Letras), *A fronteira* (Erika Fatland, Âyiné), *A arte de matar uma democracia — A história do Brasil de Bolsonaro* (Torkjell Leira, Rua do Sabão), *O castelo de Gelo* (Tarjei Vesaas, Todavia), *Os afegãos* (Åsne Seierstad, Record) são algumas de suas traduções mais recentes. Em 2023, foi agraciado com o prêmio de Tradutor do Ano (categoria Não Ficção) pela Norla, a agência de fomento literário da Noruega que também apoia a presente tradução.

EDDA

POESIA NÓRDICA EM TRADUÇÃO

1. *Obrigado pela comida* – Jon Ståle Ritland (Noruega)
2. *Eu sou sua voz no mundo* – Namdar Nasser (Suécia)
3. *Esse amor, esse amor* – Gerður Kristný (Islândia)
4. *Manhã em março* – Guðrið Helmsdal (ilhas Feroés)

CARA LEITORA, CARO LEITOR

A ABOIO é um grupo editorial colaborativo

Começamos em 2020 publicando literatura de forma digital, gratuita e acessível.

Até o momento, já passaram pelos nossos pastos mais de 400 autoras e autores, dos mais variados estilos e nacionalidades.

Para a gente, o canto é conjunto. É o aboiar que nos une e que serve de urdidura para todo nosso projeto editorial.

São as leitoras e os leitores engajados em ler narrativas ousadas que nos mantêm em atividade.

Nossa comunidade não só faz surgir livros como o que você acabou de ler, como também possibilita nos empenharmos em divulgar histórias únicas.

Portanto, te convidamos a fazer parte do nosso balaio!

Todas as apoiadoras e apoiadores das pré-vendas da ABOIO:

- **têm o nome impresso nos agradecimentos de todas as cópias do livro;**
- **são convidadas a participarem do planejamento e da escolha das próximas publicações.**

Fale com a gente pelo portal **aboio.com.br**, ou pelas redes sociais (**@aboioeditora**), seja para se tornar uma voz ativa na comunidade ABOIO ou somente para acompanhar nosso trabalho de perto!

Vem aboiar com a gente. Afinal: **o canto é conjunto.**

APOIADORAS E APOIADORES

NÃO FOSSEM AS **100 PESSOAS** que apoiaram nossa pré-venda e assinaram nosso portal durante os meses de fevereiro e março de 2024, este livro não teria sido o mesmo.

A elas, que acreditam no canto conjunto da ABOIO, estendemos os nossos agradecimentos.

Adriane Figueira
Alexander Hochiminh
Allan Gomes de Lorena
André Balbo
André Pimenta Mota
Andreas Chamorro
Anthony Almeida
Arthur Lungov
Bianca Monteiro Garcia
Caco Ishak
Caio Girão
Caio Narezzi
Calebe Guerra
Camila do Nascimento Leite
Camilo Gomide
Carla Guerson
Carolina Nogueira
Cecília Garcia
Cintia Brasileiro
Cleber da Silva Luz
Cristina Machado
Daniel Dago
Daniel Giotti
Daniel Guinezi
Daniel Leite
Daniela Rosolen
Danilo Brandao
Dayane Manfrere
Denise Lucena Cavalcante
Dheyne de Souza
Eduardo Nasi
Eduardo Rosal
Embaixada Real da Noruega
Febraro de Oliveira
Felipe Pessoa Ferro
Fernanda Paixão
Flávia Braz
Flávio Ilha
Francesca Cricelli
Frederico da Cruz Vieira de Souza
Gabo dos livros
Gabriel Cruz Lima

Gabriela Machado Scafuri
Gael Rodrigues
Giselle Bohn
Guilherme da Silva Braga
Gustavo Bechtold
Henrique Emanuel
Henrique Luiz Voltolini
Jadson Rocha
Jailton Moreira
João Luís Nogueira
Júlia Vita
Juliana Costa Cunha
Juliana Slatiner
Juliane Carolina Livramento
Laura Redfern Navarro
Leitor Albino
Leonardo Pinto Silva
Lolita Beretta
Lorenzo Cavalcante
Lucas Ferreira
Lucas Lazzaretti
Lucas Verzola
Luciano Cavalcante Filho
Luciano Dutra
Luis Felipe Abreu
Luísa Machado
Luiz Fernando Cardoso
Manoela Machado Scafuri
Marcela Roldão
Marco Bardelli
Marcos Vinícius Almeida
Marcos Vitor Prado de Góes
Maria Inez Frota Porto Queiroz
Mariana Donner
Marina Lourenço
Mateus Torres Penedo Naves
Mauro Paz
Menahem Wrona
Milena Martins Moura
Minska
Natalia Timerman
Natália Zuccala
Natan Schäfer
Otto Leopoldo Winck
Paula Maria
Paulo Scott
Pedro Torreão
Pietro Augusto Gubel Portugal
Rafael Mussolini Silvestre
Rodrigo Barreto de Menezes
Sergio Mello
Sérgio Porto
Thais Fernanda de Lorena
Thaisa Burani
Thassio Gonçalves Ferreira
Valdir Marte
Weslley Silva Ferreira
Yvonne Miller

ABOIO

sagarana

EDIÇÃO
Leopoldo Cavalcante

PREPARAÇÃO DO TEXTO
Luciano Domingues Dutra

COMUNICAÇÃO
Luísa Machado

REVISÃO
Marcela Roldão

PROJETO GRÁFICO E DIAGRAMAÇÃO
Sagarana forlag

ILUSTRAÇÕES
Magne Furuholmen

CAPA
Editora Aboio

Dados Internacionais de Catalogação na Publicação (CIP)
Eliane de Freitas Leite — Bibliotecária — CRB 8/8415

Ståle Ritland, Jon
Obrigado pela comida / Jon Ståle Ritland ; ilustrado por Magne Furuholmen ; traduzido por Leonardo Pinto Silva – – São Paulo: Aboio; Reykjavík: Sagarana forlag, 2023. (Série Edda; v. 1)

ISBN 978-65-980578-4-8

1. Poesia norueguesa I. Furuholmen, Magne. II. Título III. Série

23-172059 CDD-839.821

Índices para catálogo sistemático:
1. Poesia : Literatura norueguesa 839.821

[2024]
ABOIO
São Paulo — SP
(11) 91580-3133
www.aboio.com.br
instagram.com/aboioeditora
facebook.com/aboioeditora

Esta obra foi composta no tipo REGENT PRO, uma romana barroca rústica
concebida pelo tipógrafo tcheco FRANTIŠEK ŠTORM parafraseando
livremente e de forma moderna um modelo
da primeira metade do século XVIII.

O miolo é impresso em papel Pólen® Natural 80 g/m².
A tiragem desta edição foi de 300 exemplares.

[Primeira edição, março de 2024]